LETTRE
AU
COMITÉ D'INSTRUCTION PUBLIQUE

OU

EXPOSITION RAISONNÉE
DU
NOUVEAU SYSTÈME DE LECTURE APPLICABLE A TOUTES LES LANGUES

PAR JEAN-BAPTISTE MAUDRU

Sur toute fleur l'Abeille se repose,
Et fait du miel de toute chose
Lafontaine

A PARIS,

Chez { L'AUTEUR, rue Saint-Martin, maison de M. Perret, Limonadier, No. 344.
BLEUET, pere, Libraire pont Saint-Michel.

1792.

MESSIEURS

C'EST le devoir de tout bon citoyen de porter son encens sur l'autel de la Patrie et de lui faire hommage de ce qu'il a. Rentré dans le sein de la France, après une longue persécution, fruit de la haine qu'a vouée à notre Révolution, l'Etranger, jaloux de notre gloire ; et dépouillé, parce que j'étois François, et de ma fortune et de mes papiers : j'ose, arrivé au port et pénétré de ce devoir, que j'ai toujours regardé comme sacré, vous offrir le peu de lumières que j'ai pu acquérir touchant l'Instruction Publique. Sensibles à mes revers et touchés de mon zele, daignez, Messieurs, accepter, par générosité, comme un don patriotique, et le dépouillement où je suis de tout ce que je possédois, et les observations que je me propose de soumettre à votre sagesse.

Dans ce siècle, appelé le siècle de la Philosophie; il est tems et vous ne l'ignorez pas, que l'Education, sur laquelle on a tant écrit et pour laquelle on a si peu fait; change enfin de forme. Il est tems que vos mains indignées déchirent l'habit gothique qu'elle a reçu de la grossière Ignorance et que lui a, jusqu'ici, conservé le stupide Préjugé.

Dans la future organisation de l'Instruction Publique; organisation, par-tout désirée depuis si long-tems et devenue si nécessaire à l'époque où nous sommes: vous prendrez, je le sais, la Nature pour modèle; et sur une base inébranlable, vous éleverez, à la face de l'Europe, dont vous fixez les regards, un vaste édifice, simple et majestueux comme la Nature, elle-même. Heureux: si, dans la construction d'un si beau phare, je pouvois, acquittant ma dette, y contribuer de quelque manière; et y voir entrer quelques matériaux qu'à l'aide d'une longue pratique, m'a fournis l'expérience!

Sans doute que souvent votre patriotisme a regretté de voir jusqu'où, au milieu de nos richesses littéraires, va notre disette en fait de livres élémentaires ; parce qu'à bien des égards, une aveugle routine nous a presque toujours servi de guide : et vous sentez, Messieurs, qu'en vain l'Assemblée Nationale organiseroit l'Instruction Publique, si, pour exécuter son magnifique Plan, avec de bons maîtres, elle n'avoit de bons livres ; qu'ainsi, il est de sa sagesse, en préparant un Plan général, d'en préparer en même tems l'exécution par des livres uniformes pour tout l'Empire et que, sur un sol aussi fécond que le nôtre, un seul Décret peut faire éclôre abondamment.

Justement frappé de ce besoin où nous sommes, j'ai cru devoir, en bon patriote, interrompre un instant vos travaux et détourner votre attention, sur un ouvrage que je crois utile et que peut-être, vous jugerez nécessaire à l'Instruction Publique.

Nul, Messieurs, ne sent mieux que moi combien sont précieux tous vos momens. Aussi, me ferai-je une loi d'être court.

Cet ouvrage, dont l'analyse succinte va faire l'objet de cette Lettre ; et dont, en 790, à S. Pétersbourg, dans ma lettre du 25 Décembre au Comité Diplomatique, laquelle lui est parvenue, j'ai fait hommage à l'ASSEMBLÉE NATIONALE en ces termes : « dans le cas où les Chefs, mes ennemis, gens puissants et d'autant plus aigris contre moi, qu'ils m'ont fait plus de mal, m'auroient, par quelque manœuvre digne d'eux, fait disparoître : je lègue à l'ASSEMBLÉE NATIONALE, mon *Nouveau système de lecture applicable à toutes les langues*, deux volumes in-folio, auquel, faute de tems, je n'ai pu jusqu'ici mettre la dernière main » : cet ouvrage, dis-je, n'a jamais été publié ; parce que, faute de loisir, je n'ai pas encore pu le finir ; et a été imprimé sans nom d'Auteur ; d'abord, à Paris, en 771, par forme d'esquisse ; puis, à S. Pétersbourg, en 774, en un Atlas, grand in-folio, par forme de développement ; ici et là, sous le nom de *Nouveau système de lecture applicable à toutes les langues*.

L'esquisse, brochure in-12 ou Lettre à Mme. la Duchesse de * * *, avec un tableau en grand, sur une feuille à part, en deux colonnes, avec ces titres : dans la première, *tableau anatomique de la parole ;* et dans la seconde, *tableau historique de la parole :* est restée, ainsi que l'Atlas, en Russie, où je l'avois emportée avec moi, en 773, et gardée jusqu'au moment où, dès que l'aurore de la Liberté a eu lui sur la France, un orage formé contre moi, sous le ciel nébuleux du Despotisme, est venu fondre sur ma tête, renverser l'édifice de ma fortune, et ne m'a laissé, après la perte de tout ce que je possédois au monde, que l'amer regret d'avoir inutilement consumé, chez ces nouveaux sauvages, dix-sept ans d'un travail opiniâtre. Ainsi, Messieurs, dépourvu de tout secours au moment que j'écris, je n'ai d'autre ressource que ma mémoire et quelques feuilles volantes, échappées aux rigoureuses recherches d'une barbare inquisition.

Je ne m'appesantirai point sur cette première partie de mon travail ; elle n'est que la partie théorique du *système*, dont la partie pratique est l'Atlas, que, par cette raison, j'ai uniquement en vue dans cette Lettre. Ainsi, quant à cette théorie, pour vous en donner une idée, je me bornerai à vous en offrir, dans le tableau suivant, quelques fragmens ; et à renvoyer à la fin de la Lettre, si vous êtes curieux de les lire, quelques extraits des jugemens portés sur l'ouvrage, en France et chez l'Etranger. Mais auparavant, qu'il me soit permis de placer ici une courte remarque ; c'est que ces signes *o e il gn y g* doivent se prononcer comme dans les mots *note*, *lave*, *mail*, *ligne*, *gayac*, *bague*.

TABLEAU ANATOMIQUE DE LA PAROLE

SONS

ORALS

a è é i o e eu ô ou u

NAZALS

an in on un

SONS COMBINÉS

ia oua iè oè ouè uè ié oui ui io ieu iô . ian ün oin ouin uin ion

ARTICULATIONS

LABIALES					LINGUALES														ASPIRÉE
Battues			Souflantes		Dentales		Mouillées					Siflantes dentales		Siflantes palatales		Gutturales			
Forte	Foible	Nazale	Forte	Foible	Forte	Foible	Fortes	Foible	Liquides		Nazale	Forte	Foible	Forte	Foible	Forte	Foible		
p	b	m	f	v	t	d	il gn	y	r	l	n	s	z	ch	j	k	g		h

SONS ARTICULÉS

pa pè pé pi po pe peu pô pou pu . pan pin pon pun

ba bè bé bi bo be beu bô bou bu . ban bin bon bun

ma mè mé mi mo me meu mô mou mu . man min mon mun

ect.

TABLEAU HISTORIQUE
DE LA PAROLE

ÉCRITURE NATURELLE

du viv arejan mélé avèke de lor a rédui lor an poudere

1ère. ÉCRITURE INTERMÉDIAIRE

du viv arjan mêlé avèk de lor a rédui lor an poudre

2ème. ÉCRITURE INTERMÉDIAIRE

du vif argen mêlé avec de lor a rédui lor en poudre

ÉCRITURE USUELLE

du vif-argent mêlé avec de l'or a réduit l'or en poudre.

Je passe au développement de cette esquisse ou à l'Atlas, dont voici la distribution.

PLAN DU NOUVEAU SYSTÈME
DE LECTURE

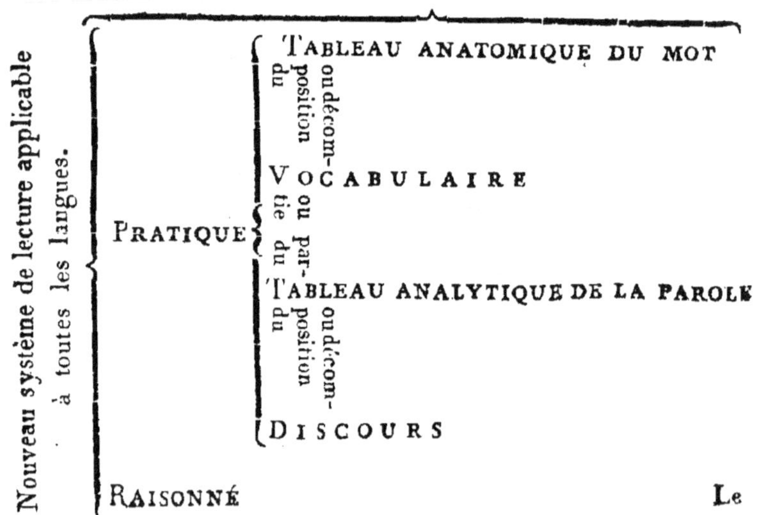

Le

Le plan raisonné est un traité explicatif du *système* : et ce plan, on le développe à l'élève ; lorsque l'âge et la pratique l'y ont suffisamment préparé.

Vous savez, Messieurs, combien, chez nous, il y a de distance entre la langue parlée et la langue écrite ; combien, par sa bizarrerie, notre orthographe mérite peu le nom d'orthographe ; combien, par une conséquence nécessaire, l'art d'apprendre à lire oppose d'obstacles à l'homme-enfant, chez qui la conception est un instrument foible encore ; et combien cette foiblesse, pour ne pas multiplier avec elle les êtres sans nécessité, ni la rebuter, exige de précautions de la part du Maître. Ainsi, avant tout, dans chaque opération future, je dois m'imposer pour regle invariable de ma conduite, d'aller du connu à l'inconnu, du simple au composé, du facile au difficile : et comme, pour mieux connoître deux objets différents, il faut les comparer entr'eux, il résulte de cette vérité que je dois également regarder comme un devoir essentiel, d'avoir fréquemment recours à la voie de la comparaison. Je pars de ces principes et commence par le tableau anatomique du mot.

TABLEAU ANATOMIQUE DU MOT.

En examinant les sons de la langue, je trouve qu'ils sont comme autant de touches d'un clavier ; et que, selon la plus ou moins grande ouverture de la bouche, la nature les a disposés ainsi :

â a ê è é î i o e eú eu ô oû ou û u
an in on un

En tout, vingt différents sons, qui composent l'échelle générale, d'où, avant de la faire parcourir, je détache, pour en faire comme autant d'échelles partielles ; premièrement, les sons *a e o u*, parce que les signes qui les désignent sont incomplexes, 1e. échelle ; ensuite, les sons marqués par des signes complexes, tels que ceux-ci *è é i ô*, formés par la réunion d'une lettre avec un accent ou avec un point, 2e. échelle; et ceux-là *eu ou an in on un*, représentés par une double lettre, 3e. échelle, à laquelle succedent les sons comparés entr'eux; d'abord, de cette manière-ci: *a â o ô u û è ê i î eu eû ou oû* 4e. échelle; puis, de cette manière-là *ê è è é é e e ê e è e é* 5e. échelle; enfin, de cette autre manière *o ou u ou e eu u eu eu ou a an i in o on u un ou on in un* 6e. et dernière échelle, d'où, après avoir ainsi parcouru successivement chacune de ces échelles, j'arrive à la grande, imprimée en caracteres romains; et à côté, en lettres italiques: ce qui fait en tout, huit échelles ou colonnes formant la 1e. table.

Les tables, hors celles du discours, ce que je prie de remarquer, sont toutes par colonnes, afin que l'œil puisse embrasser plus aisément les objets et, par le fréquent parallele qu'il en fera, en saisir les rapports. Ainsi, ce que j'ai exposé plus haut en sens horizontal, est représenté en sens perpendiculaire dans l'Atlas. Ces tables, je les fais parcourir en tout sens; de haut en bas et de bas en haut, de gauche à droit et de droit à gauche.

Lorsque, par des épreuves ainsi réitérées, je me suis assuré des progrès de l'élève; il passe à la table des sons combinés ou diphtongues, que je lui offre; d'abord, séparés; puis, rapprochés; observant ici les mêmes précautions que là.

Viennent les sons articulés, qui marchent avant les articulations; parce que celles-ci ne sont que des abstractions qui ne sauroient subsister sans les sons, dont elles ne sont que des modifications. En conséquence et pour ne m'écarter en rien des principes que j'ai adoptés; je laisse en arrière la modification et mets en avant la chose modifiée, montrant au disciple; d'abord et isolé, le son *a*, qu'il connoît déjà; puis, plus bas, le même son, précédé de l'articulation, qu'il ne connoît pas encore et que, par cette raison, je tiens à quelque distance pour la rapprocher ensuite, de cette manière: *a* , *p a* , *pa*: lui faisant remarquer, chez moi, quand je profère et que j'articule un son; de quelle manière la bouche s'ouvre et les levres frappent, l'une contre l'autre, c'est-à-dire le son et la modification de ce même son. Cette articulation, je la promene ainsi de son en son; et parcours avec elle, d'un bout à l'autre, l'échelle générale. J'en fais de même à l'égard de chaque articulation, que j'applique à chaque son suivant leur progression physique, c'est-à-dire dans le même ordre selon lequel la Nature fait mouvoir les organes de la parole. Ces tables de sons articulés, je les fais paroître sous plusieurs formes, afin de mieux constater la réalité des progrès du disciple.

J'emploie, avec les diphtongues, les mêmes précautions et les fais articuler de même. Après quoi, je passe aux articulations, dont je dispose l'échelle, selon que la Nature, elle-même, le prescrit, en partant de la trachée-artère et en passant du gosier, par le palais, jusqu'aux dents, pour arriver aux levres, de cette manière:

h . g k . j ch . z s . n . l . r . y gn il . d t . v f . m . b p.

	NOMENCLATURE
p	Battue forte
b	Battue foible
m	Labiale *nazale*
f	Souflante forte
v	Souflante foible
t	Dentale forte
d	Dentale foible
il	Mouillée forte
gn	Mouillée nazale
y	Mouillée foible.
r	Frolée
l	Liquide
n	Linguale *nazale*
s	Sifflante forte
z	Sifflante foible
ch	Palatale forte
j	Palatale foible
k	Gutturale forte
g	Gutturale foible
h	Aspirée

Cette nomenclature, où il entre trois nazales, deux desquelles, pour abréger, je me contente de désigner par les simples noms de *linguale* et de *labiale*; cette nomenclature, dis-je, afin de n'être point en contradiction avec moi-même, je m'abstiens de la faire lire à l'élève: mais je la lui répete si souvent de vive voix que d'elle-même et sans effort, elle se grave profondément dans sa mémoire.

Ce n'est pas ici le lieu, puisque j'ai l'honneur de parler à des philosophes, d'attaquer le ridicule préjugé qui nomme, par exemple, *jé* cette gutturale *g*; et *ka*, cette autre *k*; qui nomme *ji* cette palatale *j*; et *cé-ache* cette autre *ch*; enfin, qui fait nommer *zède* et *esse* ces siflantes *z s*; et *vé*, *effe*, ces souflantes *v f* ect. Car, par exemple, cette battue *p*, par elle-même, n'est ni *pé* ni *pe*; mais elle sera l'une et l'autre, suivant que la bouche plus ou moins ouverte proférera les sons *é e*, avec le mouvement accessoire des levres, qui, au moment de l'émission de la voix, battront, l'une contre l'autre. Nomenclature pour nomenclature, ne vaut-il pas mieux adopter celle qui est selon la raison ? Il n'en coûtera pas plus de frais. Je reviens à mon sujet.

De cette échelle générale, avant de la présenter au disciple, je détache, ainsi que je l'ai fait à l'égard des sons, des échelles partielles, que je lui mets, par gradation, sous les yeux, telles que ces articulations *h g k j z s n l r y d t v f m b p*, parce que les signes qui les peignent sont incomplexes, 1e. échelle ; et ces autres articulations *ch gn il*, indiquées par des signes complexes, 2e. échelle, à laquelle, afin de prévenir toute méprise de la part de l'élève, succèdent les articulations comparées, soit entr'elles soit avec les sons, de la manière suivante : *g k*, *j ch*, *z s*, *y gn il*, *d t*, *v f*, *b p* 3e. échelle ; *u n*, *i il* 4e. échelle ; *ſ f*, *d b p* 5e. échelle ; enfin, *h ch*, *g gn*, *n gn* *i il*, *l il* 6e. et dernière échelle partielle, d'où l'élève arrive à l'échelle générale, imprimée d'abord en caractères romains; puis, en italiques : ce qui forme en tout, huit colonnes.

Comme c'est par la lecture, que, suivant l'Usage, commence l'éducation ; on ne sauroit user de trop de précautions, quand il s'agit d'en poser les premières bases : et quoiqu'il ne s'agisse pas de faire du disciple un philosophe ; il n'en est pas moins vrai qu'avec lui, il faut en tout procéder philosophiquement ; raisonner pour

pour lui sans raisonner avec lui ; et en lui cachant le travail, lui en laisser voir le fruit.

VOCABULAIRE

Parvenus au point où nous voici, nous sortons du *tableau anatomique* pour entrer dans le *vocabulaire*. Cette *branche du nouveau système de lecture*, de laquelle, dans l'Atlas, un tableau sur deux feuilles grand format, collées l'une à l'autre, développe au Maître toute la distribution, trop grande pour entrer dans le court espace de cette Lettre ; mais dont on prendra, dans les deux petits tableaux qui suivent, une idée suffisante ; cette branche, dis-je, se partage en quatre grands rameaux, divisés en cent trois ramifications ou tables, qui comprennent quatre mille huit cents substantifs, lesquels signifient, tous, un objet palpable ou sensible. Ces noms physiques, partagés en sections, divisions et subdivisions ; sont tous rangés par ordre alphabétique et forment plusieurs classes.

Les mots, dans leur structure, emploient des signes ou primitifs ou secondaires. Dans le premier cas, ils s'écrivent; ou sans suppression de lettres, tels que *sofa* ect., 1e. classe; ou avec suppression de lettres, tels que *fil* ect., 2e. classe. Dans le second cas, ils s'écrivent; ou sans superfluité de lettres, tels que *baume*, ect. 3e. classe; ou avec superfluité de lettres, tels que *peau*, ect. 4e. et dernière classe. Delà, quatre especes d'écriture différentes.

Les noms qui s'écrivent de la même manière qu'ils se prononcent, tels que *sofa*, *épi* ect.; composent *l'écriture naturelle*, qui renferme, depuis les monosyllabes jusqu'aux mots de cinq syllabes ou sons inclusivement. Cette écriture élémentaire n'admet que des mots dans lesquels, pour y peindre les sons et les articulations, il n'entre que des signes primitifs.

Les noms où le son muet *e* se trouve supprimé, mais qui du reste, à l'exem-

BRANCHE

DU

NOUVEAU SYSTÈME DE LECTURE

- Vocabulaire
  - Écriture naturelle
  - Écriture elliptique
  - Écriture intermédiaire
  - Écriture usuelle

- Écriture naturelle
  - Parallele . . . . } table
  - Mots physiques de
    - 1 son . . . . ordre alphabétique } table
    - 2 sons
      - Séparés } table
        - Incomplexes
          - Divisions
          - Subdivisions } ord. alph.
        - Complexes
          - Sections
          - Divisions
          - Subdivisions } ord. alph.
      - Rapprochés } table
        - Incomplexes
          - Divisions
          - Subdivisions } ord. alph.
        - Complexes
          - Sections
          - Divisions
          - Subdivisions } ord. alph.
      - Comparés . . . . } table
        - Sections
        - Divisions
        - Subdivisions } ord. alph.
      - Mesurés . . . . } table
        - Sections
        - Divisions
        - Subdivisions } ord. alph.
    - 3 sons considérés sous les mêmes rapports
    - 4 sons } id.
    - 5 sons } id.
  - Récapitulation id.

ect.

ple des précédents, s'écrivent tels qu'on les prononce, comme *jalap*, dans lequel la battue *p* se prononce de même que dans *rape;* forment *l'écriture elliptique*, laquelle comprend inclusivement depuis les dissyllabes jusqu'aux mots de sept syllabes.

Cette nouvelle espece d'écriture, comme on voit, ne differe de l'autre qu'en ce que, dans celle-ci, qui est pleine, toutes les syllabes y sont tout à la fois auriculaires et oculaires, comme dans *rape;* au lieu que dans *l'elliptique*, ce qui existe pour l'oreille n'existe point pour l'œil. C'est ainsi que le même mot *jalap*, quoique réellement formé de trois syllabes, que l'oreille y distingue aussi nettement que si l'on écrivoit *jalape;* n'en offre néanmoins à l'œil que deux, et se trouve composé de deux oculaires ou de trois auriculaires. D'où il suit qu'à la suppression près du son muet *e*, que l'on y sousentend, cette 2e. écriture n'est pas moins naturelle que la 1e.; parce qu'ici et là, dans la formation des élémens du mot, le double emploi des signes est également banni.

Jusqu'ici, afin de prêter un corps aux sons et aux articulations, je n'ai employé que des signes nécessaires, qu'une seule espece d'acteurs, si je puis m'exprimer de la sorte. Mais outre ces signes-là, par caprice, l'Usage en a créé d'autres qui servent aux premiers, que j'appele *primitifs*, comme de suppléans et que, par cette raison, je nomme signes *secondaires*, tels, par exemple, que ceux-ci *ai*, *ph*, qui équivalent à ceux-là *é*, *f* et qui, dans les mots *aile*, *phare*, se prononcent comme dans ces autres *pêne*, *fanon*. Tous les mots qui, dans leur composition, admettent ces nouveaux signes, constituent *l'écriture intermédiaire*, qui compte, depuis les monosyllabes, jusqu'à des mots de sept syllabes.

Enfin, les mots dont l'ensemble embrasse des lettres oisives, que la prononciation rejete et qui, inutiles à l'oreille, n'ont d'autre emploi, que celui d'indiquer à l'œil une inflexion ou quelque étymologie ect., telles que ces lettres *x*, *o* dans *cheveux*, *chaux*, *paon*, que l'on prononce comme *cheveu*, *chaume*, *pantalon* : ces mots nous donnent l'écriture mixte et redondante, que, pour la distinguer des autres, je nomme *écriture usuelle*, parce que bizarre, elle n'a pour elle que l'Usage, qui l'autorise. Cette dernière écriture enferme inclusivement depuis les monosyllabes jusqu'à des mots de huit syllabes ou de huit sons : car chez moi, sons et syllabes sont termes synonimes. C'est ainsi que *butor* est de trois syllabes : parce qu'il contient trois sons, dont le final *e*, quoique non sensible à l'œil, n'en est pas moins sensible à l'oreille, seul juge-né du nombre réel des syllabes ; et ne se fait pas moins sentir que dans *pore*.

De cette manière, sans sortir du cercle que l'Usage a comme tracé autour de moi, je rapproche de la langue écrite, la langue parlée ; et par dégrés, je passe insensiblement de l'une à l'autre, sans heurter de front le préjugé.

Dans chaque écriture, les mots sont rangés selon le nombre des syllabes qui concourent à leur structure; les monosyllabes, avec les monosyllabes; les dissyllabes, ensemble; les trissyllabes, de même et ainsi de suite: sans jamais mêler des mots de trois syllabes, par exemple, avec des mots de deux, ni des mots de quatre avec des mots de trois; excepté dans les récapitulations. Ce qui fait autant de tables particulières où les mots se présentent; d'abord, divisés ainsi *so fa*; puis, réunis de cette manière *sofa*, c'est-à-dire que l'on sépare et que l'on rapproche les syllabes, toutes les fois que l'on passe d'un mot plus court à un mot plus long; mettant à part, les noms où il n'entre que des signes incomplexes tels que *lave*, *rave*, *bave* ect; et à part, ceux où il en entre de complexes, tels que *rêne*, *pêne* ect. *touche*, *mouche*, *bouche* ect. De toutes ces tables particu-

lières naît une table générale, où l'on compare entr'eux, comme on l'a fait à l'égard des sons et des articulations, tous ces mots, qu'en outre, on accompagne de signes prosodiques tellement que dans chaque écriture, les mots sont; d'abord, divisés; puis, réunis; ensuite, comparés; enfin, mesurés et terminés par une récapitulation.

Un répertoire, ouvrage à part; donne la signification précise de ces mots, dont les tables indiquent le genre et le nombre. Ce répertoire est pour le maître.

Afin de préparer l'élève au passage de la 1e. écriture à la 2e. et avant qu'il y passe; je le ramene au tableau anatomique, où, à la suite de ce qu'il y a vu, il trouve, dans de nouvelles tables, qu'il parcourt avec la même précaution que celle qui nous a jusqu'ici dirigés, des sons, ou précédés de deux articulations comme *tra* dans *trame*, ou placés entre deux articulations comme *lap* dans *jalap* ect.

J'use de la même circonspection lorsqu'il s'agit de passer de la 2e. à la 3e. : et pour y préparer l'élève ; je le ramene de nouveau à ce même tableau anatomique, dont les dernières tables lui offrent des sons et des articulations désignées ; d'abord, par des signes primitifs, tels que *è*, *f* ect. ; puis, par des signes secondaires, tels que *ai*, *ph* ect. comme dans *alène*, *laine* ect. *farine*, *phosphore*, ect.

Enfin, dans l'écriture usuelle, je fais remarquer, dans chaque mot, les lettres qui ne s'y prononcent point, comme dans *chameau*, *pouls* ; et que, pour cela, par tout, j'ai soin de distinguer par des caractères particuliers.

Il est bon de remarquer que, nulle part, je ne fais épeler. Ainsi, ayant à faire lire, par exemple, le mot *parabole* ; au lieu de recourir d'abord, par d'inutiles détours, aux sons *é* ou *e*, dont je n'ai nul besoin, et de dire : *pé*, *a*, *pa* ou *pe*, *a*, *pa* ; je vais droit au but en disant : *a*, *pa* ; *a*, *ra* ; *para* ;

para ; o , bo ; parabo ; e , le ; parabole, que je fais prononcer ainsi : *parabol*, comme dans *parasol ;* m'abstenant de toute opération superflue, pour, ainsi que je l'ai dit, ne point multiplier les êtres sans nécessité, d'une part ; et de l'autre, me tenant toujours à la portée du disciple, dont j'emprunte constamment la façon de voir : témoins les détails où je suis entré, détails, qu'un premier aspect pourroit censurer comme puérils ; mais que la Pratique justifie comme nécessaires.

Après avoir montré de la sorte à mon élève le droit chemin, il est tems de lui faire voir en quoi l'Usage s'en écarte ; et de lui mettre, sous les yeux, toutes les lettres de l'alphabet avec les vices de la nomenclature ordinaire : afin qu'il ne confonde, ni la voyelle avec le son ni la consonne avec l'articulation : mais qu'il comprenne que le signe *ou*, par exemple, ne présente qu'un son quoiqu'il soit composé de deux voyelles ; et que cet autre signe *ch*, quoiqu'il embrasse deux consonnes ; n'offre néanmoins qu'une articulation.

TABLEAU ANALYTIQUE DE LA PAROLE

Du *vocabulaire* ainsi parcouru, l'élève, lorsqu'il le possede ou qu'il est suffisamment instruit, passe au *tableau analytique de la parole ;* car de quelque utilité que soit un vocabulaire semblable, je ne prétends pas cependant qu'il faille entièrement le parcourir. C'est comme un médicament, dont on mesure la dose sur les dispositions du malade. Revenons au *tableau analytique*. Ce sont des tables qui, à l'exclusion des noms et des adjectifs, présentent rangées dans un nouvel ordre, selon l'académie françoise, dont on a cru devoir préférer ici l'autorité, toutes les parties qu'en termes de grammaire, on nomme parties d'oraison. A l'égard des verbes, je commence par les auxiliaires *être* et *avoir*, disposés sur deux colonnes formant une table composée de trois feuilles, grand format, collées, l'une à l'autre, et sur laquelle l'élève parcourt successivement les quatre modes, et dans chaque mode, tous les tems que celui-ci renferme. C'est ainsi que d'un coup d'œil, mon élève embrasse l'ordre systématique des tems. D'autres tables dressées dans le même goût, et dont, par les deux tableaux qui suivent, on peut se former l'idée, lui font remarquer, parmi ces verbes réguliers, ceux que l'on a choisis pour paradigmes ou modeles, tels, par exemple, que ceux-ci *aimer*, *finir*, *devoir*, *plaire*, formant, seuls, une table pour les quatre conjugaisons. Après quoi viennent les autres paradigmes, distribués de même, avec la précaution d'indiquer, dès le commencement, par des caracteres romains ou italiques, d'abord séparés, puis rapprochés, la racine du verbe ou l'idée principale; et de la faire distinguer d'avec les terminaisons ou le groupe d'idées désignées par ces terminaisons. Mais avant tout, je montre à l'élève; d'abord, les tems primitifs d'un verbe régulier; puis, les tems secondaires; ensuite, les tems simples; et enfin, les tems composés. Ce qui fait autant de colonnes, par lesquelles il passe aux verbes auxiliaires; de ceux-ci, aux paradigmes; et delà, aux verbes irréguliers ou défectifs, qu'il parcourt, tous, à l'exception des tems composés, qui sont les mêmes dans tous les verbes.

Après les tables des verbes, les plus importantes de toutes et celles où, par cette raison, je me suis arrêté ici, car c'est notre verbe qui élève, à certains égards, notre langue au dessus des langues vivantes de l'Europe et lui donne la supériorité jusques sur la langue Russe, la plus riche de toutes; il me reste, avant d'aller plus loin, à dire un mot sur la table des prépositions, la plus importante, après les verbes. Cette table offre, dans un grand tableau sur plusieurs colonnes divisées et

DISPOSITION DU VERBE

1	1	1	aimer	
		2	aimant	
	2	3	avoir	aimé
		4	ayant	aimé
	3	5	aimé aimée	
2	4	6	j'aime	ect.
		7	j'aimois	ect.
		8	j'aimerois	ect.
	5	9	j'ai	aimé ect.
		10	j'ai eu	aimé ect.
			. . . . . .	
		11	j'aimai	ect.
		12	j'eus	aimé ect.
			. . . . . .	
		13	j'avois	aimé ect.
			. . . . . .	
		14	j'aurois	aimé ect.
		15	j'eusse	aimé ect.
	6	16	j'aimerai	ect.
		17	j'aurai	aimé ect.
3	7	18	aime	ect.
	8	19	aye	aimé ect.
4	9	20	que j'aime	ect.
		21	que j'aimasse	ect.
	10	22	que j'aye	aimé ect.
		23	que j'eusse	aimé ect.

FRAGMENS DU VERBE

			1e. c.	2e. c.	3e. c.	4e. c.
			aimer ect.	finir ect.	devoir ect.	plaire ect.
6	1	1	j' aime	je finis	je dois	je plais
		2	tu aimes	tu finis	tu dois	tu plais
		3	il / elle aime	il / elle finit	il / elle doit	il / elle plaît
			. . . .	. . . .	. . . .	. . . .
	2	1	nous aimons	nous finissons	nous devons	nous plaisons
		2	vous aimez	vous finissez	vous devez	vous plaisez
		3	ils / elles aiment	ils / elles finissent	ils / elles doivent	ils / elles plaisent
			ect.	ect.	ect.	ect.
9	1	1	j' ai aimé	j' ai fini	j' ai dû	j' ai plu
		2	tu as aimé	tu as fini	tu as dû	tu as plu
		3	il / elle a aimé	il / elle a fini	il / elle a dû	il / elle a plu
			. . . .	. . . .	. . . .	. . . .
	2	1	nous avons aimé	nous avons fini	nous avons dû	nous avons plu
		2	vous avez aimé	vous avez fini	vous avez dû	vous avez plu
		3	ils / elles ont aimé	ils / elles ont fini	ils / elles ont dû	ils / elles ont plu
			ect.	ect.	ect.	ect.

pour la page 7

subdivisées; les différentes sortes de prépositions telles que *à*, *avec* ect.; 1e. colonne; *après*, *auprès* ect. *attendu*, *excepté* ect. 2e. colonne; *voici*, *voilà* ect. 3e. colonne, à laquelle succèdent, sur trois autres colonnes, les prépositions Françoises, Latines et dérivées, qui entrent dans la structure des noms, 7e. colonne, et des verbes, 8e. colonne; telles, par exemple, que *sur*, *pro*, *re*, qui concourent à former les mots *sur*intendance et *sur*prendre, *pro*portion et *pro*mettre, *re*plâtrage et *re*gagner ect.

DISCOURS

C'est ainsi qu'à travers le tableau anatomique, le vocabulaire et le tableau analytique, je conduis mon élève, avec le fil de la méthode toujours en main; et que l'ayant préparé de cette manière à la lecture, je le fais passer au *discours*. Ce sont les fables de Lafontaine dans le goût de celles que l'on verra plus bas, que j'ai mises en prose et habillées d'un style simple; afin qu'elles fussent plus à la portée du disciple : en commençant par les plus courtes; et delà par gradation, en passant aux plus longues; avec l'attention, quand le disciple les lit, de lui faire exactement observer les pauses, je veux dire les tems, les demi-tems ect., ou en d'autres termes, la ponctuation, l'ame de la lecture. Exemples.

Le Chameau

» Le premier qui vit⁀un chameau s'*en*-fuit, le second⁀approcha et le troisième osa faire un licou pour la bête. »

Le Coq et la Perle

» Un coq *dé*tourna une perle et la donna à un lapidaire. Je la crois fine, dit-⁀il; mais j'aime mieux⁀un grain de mil. »

Afin de fortifier, dans l'élève, l'habitude d'une prononciation correcte : quand il lit ces fables; on lui fait observer les mots où le son muet e se trouve imprimé en plus petits caracteres et qu'on lui fait joindre avec ce qui précede ou avec ce qui suit. C'est pour éviter également toute prononciation vicieuse, que l'on fait remarquer à l'élève ces parentheses renversées⁀, qui l'avertissent d'associer, en lisant, la finale du mot précédent avec l'initiale du mot suivant : ce à quoi je l'ai préparé d'avance par une table des liaisons, où, par exemple, sous ces mots *mieux un*, il a vu *mieuz un* ; et au dessous, *mieu zun* ect.

C'est par des procédés semblables, que je fais successivement parcourir toutes les fables de Lafontaine, offrant, à l'élève naturellement curieux, des objets toujours nouveaux et une morale toujours en action. C'est, si l'on veut, un grain de bled, dont on confie à la terre le précieux dépôt ; afin que libérale, elle le rende un jour avec usure. Cependant, car je préfere la vérité à tout, après les principes que j'ai posés plus haut, et l'obligation qui en découle pour moi, de ne jamais rien offrir à mon disciple qui lui suppose des connoissances préliminaires qui lui manquent : je ne puis dissimuler que je donne en quelque sorte prise sur moi à la Critique ; en ce que je mets, entre les mains des hommes-enfans, des fables que nombre d'hommes faits, faute d'être mûrs, ne sont point en état de lire avec fruit. Mais quiconque aura attaché à mes *Réfléxions sur l'éducation*, publiées depuis peu et dont cette lettre-ci ne doit être regardée que comme une suite, le dégré d'attention qu'elles méritent ; verra clairement qu'en faisant choix de Lafontaine, je n'ai fait en cela que sacrifier à l'Usage, dont je n'ai secoué le despotique joug que lorsque la Raison m'en a eu fait un devoir.

Dans le tableau historique de la parole, duquel j'ai fait mention plus haut, j'avois adopté un autre plan, auquel rien n'empêche que l'on ne revienne, celui de ne présenter

présenter aux enfans que des faits détachés, piquants et puisés dans l'ordre physique de la Nature, dans les trois regnes, tels que ces exemples, tirés du même tableau :

» Un cep de vigne planté dans de la mousse, a fait, dans l'espace de quelques mois, des jets de plus de cent pieds de long ; ils étoient chargés de huit grosses grappes, toutes d'un goût exquis. »

» La guêpe construit, sous terre, des galeries et des colonnes. »

» Un boucher a tué un bœuf et une fille l'éclairoit. Il est sorti, d'un des estomacs du bœuf, une flamme, qui a brûlé les cheveux et les sourcils du boucher et de la fille. »

» Une personne examinoit avec attention des tringles de fer dressées pour recevoir le tonnere, et en étoit à la distance d'un pied. Il s'est élancé de ces tringles, vers son front, un globe de feu bleuâtre;

ce globe étoit gros comme le poing : la personne a été tuée. »

» Du bois de gayac exposé au feu a laissé échapper une liqueur ; elle exhaloit une odeur, et cette odeur ressembloit à ce piquant des latrines que l'on sent aux changemens de tems. »

Je reviens à Lafontaine. Dès que l'élève l'a parcouru : il retourne au point d'où il étoit parti ; et revoit ces mêmes fables, où, sur chaque mot, il trouve un chiffre qui lui indique à quelle partie d'oraison appartient le mot, de cette façon :

L'âne portant des reliques

4 1 5 7 1-; 2
» Un baudet, chargé de reliques ; s'i-
-5 8 1 2 5 2 2 -5 8
magina qu'on l'adoroit : il se quarroit et
5 3 1- 7 2 1 1
prenoit les cantiques pour lui. Maître bau-
2 5* 1 2 9 5* 9 2
det, lui dit quelqu'un, ce n'est pas vous ;
2 5* 3 1. 7 2 2 1 2 -5
c'est l'idole à qui cet honneur se rend. »

Une table à part lui donne la connoissance de ces chiffres, de manière qu'à la faveur de cette clef et des parties d'oraison qu'il a parcourues antérieurement, il parvient, sans peine, à faire correctement l'analyse grammaticale en disant :

Un, adjectif au singulier et au masculin; *baudet*, nom au singulier et au masculin ; *chargé*, verbe régulier de la 1e. conjugaison, au participe, au singulier et au masculin ; *de*, préposition ; *reliques*, nom au pluriel et au féminin ; *s'imagina*, pour *se imagina ; se*, pronom personnel, à la 3e. personne, de tout genre et de tout nombre ; *imagina*, verbe pronominal régulier, à l'indicatif, au parfait défini, au singulier et à la 3e. personne ect. : indiquant, lorsqu'il est question d'un verbe ; s'il est irrégulier, défectif ou monopersonnel ; s'il est simple ou composé ect.

Ces signes analytiques, lorsque le tems est venu d'enseigner à écrire, je les applique, afin de faire, comme on dit, d'une pierre deux coups, sur des exemples d'écriture choisies, lesquelles sont un trait de morale ou d'histoire ect., propre à former, soit le cœur soit l'esprit ou l'un et l'autre.

Quand il s'est ainsi familiarisé avec l'analyse grammaticale; il passe à l'analyse logique et retrouve les mêmes fables avec d'autres signes sur les mots, de la manière suivante :

Les deux Coqs

s a c) s
» Deux coqs vivoient en paix, une poule
a) (s a c o
survint et l'on vit aussitôt les deux coqs
) s a) (s
se battre. Le vaincu alla se cacher et l'au-
a o c)
tre alla chanter sa victoire sur les toits.
s o a) (o a
Un vautour l'entendit et l'enleva. »

Ces nouveaux signes, dont une table aussi à part donne également l'explication; apprennent à l'élève qu'il y a, dans cette fable, sept petites propositions grammaticales, distinguées, l'une de l'autre, par des parentheses verticales : que la première de ces propositions est composée de trois membres ; d'un sujet, qui est *deux coqs ;* d'un attribut, qui est *vivoient ;* et d'un circonstanciel, qui est *en paix* ect.

On n'écrit et l'on ne parle que pour être entendu : et cette vérité, la regle de tout écrivain ; doit principalement diriger, en tout tems, celui qui enseigne. Ainsi, docile à ce précepte et allant toujours par gradation, suivant que la conception de l'élève s'ouvre aux leçons plus ou moins, je lui fais voir, quand il en est tems, que les deux dernières propositions de la fable précédente n'en forment, elles-mêmes, qu'une plus grande, que l'on nomme proposition logique ; que le sujet dont on parle est *un vautour ;* et que l'action qu'on lui attribue, est celle d'entendre le coq et de l'enlever : de même que dans la fable de l'*âne*, ces mots *un baudet chargé de reliques s'imagina qu'on l'adoroit*, forment deux propositions grammaticales; *un baudet chargé de reliques s'imagina*, 1e. proposition; *on l'adoroit*; 2e. proposition; lesquelles, par leur réunion, ne présentent à l'esprit qu'une seule proposition logique, dont le sujet est *un baudet chargé de reliques*, auquel on donne pour attribut, la folie de s'imaginer qu'on l'adoroit. Enfin, conduit par l'analyse, mon élève, dans ces mots *chargé de reliques*, découvre sans peine la valeur d'une nouvelle proposition grammaticale, et voit que c'est comme si l'on disoit *parce qu'il étoit chargé de reliques* ect.

Je montre à l'élève tous les membres d'une proposition; et lui apprends à distinguer un membre incomplexe ou complexe, simple ou composé. Je lui fais sentir ce que c'est que proposition directe ou indirecte, principale ou incidente, explicative ou déterminative; enfin ce que c'est qu'un sens exclusif ou négatif, conditionnel, causatif ou adversatif ect. : et comme je suis maître d'adapter ma prose aux leçons dont il est susceptible; après l'analyse grammaticale, je passe, par l'analyse logique, à l'analyse oratoire; je montre ce que c'est que tour direct ou impératif; ce que c'est qu'apostrophe, interrogation ou exclamation; et fais remarquer les ellipses et les gallicismes, les inversions et les transpositions ect. Pour cela, attentif à éviter toute confusion, j'emploie une autre espece de signes, dont l'élève, dans des tables préparées exprès, a appris à connoître la signification.

Enfin, aux fables de Lafontaine, par lesquelles finit l'Atlas, succède, en faveur des Etrangers sur-tout, un Télémaque selon le prospectus qu'en 1776 j'ai fait imprimer à S. Pétersbourg et dont, à la fin de cette lettre, j'ai placé des fragmens à la tête des extraits qui la terminent.

Par ce qui précede, il est aisé de voir combien cette triple analyse, appliquée de cette manière au Latin, par exemple, dont la pédantesque étude absorbe si mal à propos un tems si long et si précieux, ou à toute autre langue; car aux idiomes près, comme je l'ai dit ailleurs, elles ont, toutes, un même marche: combien, dis-je, cette analyse facilite le passage d'une langue à l'autre et doit épargner de peines et de dégoûts, de tems et d'argent, également avantageuse au disciple, au maître et aux parens.

C'est ainsi que passant d'un échelon à l'autre, sans en supprimer aucun, je fais voir; dans le *tableau anatomique*, les élémens du mot; dans le *vocabulaire*, le mot déja formé mais isolé; dans le *tableau analytique*, les accidens du mot; enfin, dans le *discours*, le même mot, non plus isolé mais combiné. C'est ainsi qu'après avoir préparé les matériaux dans le vocabulaire, je construis l'édifice dans le discours; que de l'idée, je m'éleve à la pensée; et que de toutes les parties ainsi liées entre-elles naît mon *nouveau système de lecture applicable à toutes les langues*.

Par

Par le peu que je viens d'exposer, vous voyez, Messieurs, combien de déboires il m'a fallu dévorer et de quelle patience j'ai eu besoin, ne fût-ce que pour composer un vocabulaire tel que celui dont j'ai eu l'honneur de vous parler. Ce *nouveau système*, dont l'ordre et la précision qui le caractérisent font tout le mérite, entr'autres avantages qu'il réunit, offre ; aux maîtres, la facilité d'y choisir ce qu'ils voudront ; et à l'élève, des objets variés, détachés et mis à sa portée : n'exige de lui aucune contention d'esprit : se prête à son avide curiosité, qui se porte sans cesse d'objets en objets, sans vouloir se fixer sur aucun : meuble de choses utiles sa mémoire, celle des facultés intellectuelles qu'il convient de cultiver la première : lui permet de s'arrêter où il veut : lui laisse contempler avec satisfaction la carrière qu'il a parcourue : l'excite à de nouveaux progrès à la vue de ceux qu'il a faits : et lui facilite l'étude épineuse du méchanisme des langues ; sur-tout, si, comme je le recommande dans mes *Réfléxions sur l'éducation* , le zele du maître se montre soigneux d'orner (*a*) par des récompenses ce qui, de sa nature, est sec et rebutant. Ce n'est pas tout. Un seul exemplaire, en tables collées sur toile et suspendues aux murs, ainsi que je l'ai pratiqué à Saint-Pétersbourg ; au noble Corps des Cadets de terre, suffit pour une école entière et

---

(*a*) Dans la pension qu'à S. Pétersbourg, j'avois levée sous le nom de Lycée ; je prenois soin, pour aiguillonner l'émulation, de distribuer, tous les samedis, selon mes cahiers et mes journaux, tels que ceux dont parlent ces mêmes *Réfléxions*, art. 68 et plus haut ; deux croix, une de vermeil et l'autre d'argent, portant, l'une et l'autre, pour inscription ; celle-ci, le mot *science* ; et celle-là, le mot *sagesse* : et ce moyen, le seul que le local ingrat me permît d'employer ; m'a toujours réussi.

peut durer plusieurs années. Il rassemble, sous les yeux d'un même maître, sans trop partager son attention, un plus grand nombre d'éleves, qu'il occupe tous à la fois; aide les plus foibles à monter au niveau des plus forts; bannit, loin des uns et des autres, la dissipation, si fréquente dans les écoles; fait mettre à profit tous les momens; rend les progrès plus rapides et plus surs; restreint la dépense; et, ce qui n'est pas non plus peu de chose, allege le double fardeau de l'inspection et de l'enseignement.

Telles sont les idées que j'avois à soumettre à votre sagacité; lorsque, l'année dernière, à mon retour en France, pressé du besoin d'être utile, j'ai pris la liberté d'écrire là-dessus à monsieur le Président de l'Assemblée Nationale.

J'ai fait ce que j'ai pu afin de rendre mon *système* uniforme. C'est de vous qu'il dépend d'y faire mettre la dernière main et d'en rendre l'usage universel, en appliquant à mon travail le glorieux seau de votre approbation.

Je suis avec un profond respect

MESSIEURS

Paris ce Avril 1792.

Votre très-humble et très-obéissant serviteur J. B. Maudru citoyen du Département des Vosges

---

PROSPECTUS

Extrait

. . . .

1°. L'ouvrage . . . . est une nouvelle édition de Télémaque.

Parallele entre la langue parlée et la langue écrite

2°. On y fait voir de quelle manière on écrit le françois et comment il se prononce.

3°. Par prononciation, l'on doit entendre celle des habitans de la capitale appelés gens comme il faut.

4o. Chaque ligne sera donc doublée. La 1re sera conforme aux loix de l'orthographe les plus suivies ; et la 2de, à celles de la meilleure prononciation : l'une, en caracteres romains ; et l'autre, en italiques.

5°. D'un même coup d'œil, on embrassera ces deux manières d'écrire ; pour en faire un *parallele* aussi facile qu'instructif : et tel est le 1er avantage de cette édition.

6°. Sur les mots, il y aura des chiffres. Analyse grammaticale.

7°. Les chiffres ne seront pas en grand nombre : leur valeur sera déterminée ; et jamais, cette valeur ne variera : chaque chiffre aura une signification qui lui sera propre et que n'aura point un autre chiffre.

8°. Un ouvrage à part en donnera l'explication. Cette explication sera écrite avec le plus de clarté, de briéveté et de précision qu'il sera possible.

9o. A l'aide des chiffres, on saura, par exemple, si tel mot est verbe ou non. Est-ce un verbe ? On saura s'il est simple ou s'il ne l'est pas, s'il est régulier ou irrégulier, comment il forme ses tems composés, à quel mode il est, à quel tems, à quel nombre et à quelle personne.

10°. On pourra faire le même raisonnement sur tout autre mot et d'une manière analogue à chaque mot.

11°. Ces raisonnemens n'auront rien qui coûte; les premières pages analysées de la sorte aideront beaucoup à analyser les suivantes, les même mots se retrouvant souvent ; et c'est-là le 2^d. avantage de cette même édition.

Analyse logique

12°. Ces chiffres ne sont pas les seuls signes que l'on trouvera sur les mots ; il y aura des étoiles, des croix placées en différents sens etc.

13°. A la faveur de ces nouveaux signes, il sera facile de distinguer les divers sens ; et prenant ensuite chaque sens à part, on en verra les différentes parties ainsi que la liaison que les sens ont entre eux.

14°. Cette espece de décomposition sera comme la quintessence de ce que, dans les colleges en France, on nomme cours de philosophie ou plus proprement cours de logique.

15°. Elle apprendra à ponctuer avec intelligence ce que l'on aura écrit, comme le *parallele* apprendra à orthographier correctement ; elle accoutumera l'esprit à raisonner juste et toujours d'une maniere conséquente.

16°. On peut appliquer ici ce qui a été dit plus haut (v. n°. 7 et 11.) Le même esprit de circonspection qui aura dirigé la 1e. analyse, dirigera également la 2e.

Voilà le 3e avantage de cette même édition encore.

17°. Enfin, par une 3e espece de signes, s'il se rencontre de ce qui s'appelle figures de rhétorique, on les remarquera sans peine ; et l'on distinguera ce qui prend le nom de figures de pensée, d'avec ce que l'on nomme figures de diction. Analyse oratoire

18. La connoissance de ces différentes figures instruira à varier à propos les inflexions de la voix en lisant, ce qui est une des principales branches de la déclamation.

19°. Par figures, il faut entendre les principales.

20°. Les figures sont, comme on sait, les ressorts qu'emploie l'éloquence ; pour faire mouvoir à son gré le jeu des passions : en les étudiant donc, ces figures ; on fera comme un cours abrégé de littérature.

21°. Ici, il faut se rappeller encore les articles 7 et 11. Partout, même esprit de clarté et de circonspection. On a évité de trop multiplier les signes : et chaque signe a une forme invariable qui le distingue ; et une valeur caractéristique, laquelle ne varie pas plus que la forme.

22°. Voilà en abrégé les principaux avantages de ce Télémaque.

Ce livre immortel, où Fénélon s'est plu

plu à verser, pour ainsi dire, avec une sorte de profusion, tous les trésors de la langue; ce livre, si propre à former tout ensemble et le cœur et l'esprit et le goût: a de plus le mérite d'avoir été traduit dans toutes les langues.

23°. Afin d'ajouter à son travail un dégré d'utilité de plus, l'éditeur s'est proposé de donner un parallele entre l'original et les traductions qui en ont paru. C'est pour cela que, dans le Télémaque françois, chaque ligne; et dans chaque ligne, chaque mot sera précédé d'un chiffre de renvoi.

24°. Le plan et l'économie de cet ouvrage sont tels, que le Lecteur pourra lire ou sauter ce qu'il jugera utile ou superflu; sans que ce qui précede ou ce qui suit en souffre le moins du monde: à peu près comme dans un parterre, où l'on est maître de cueillir ce que l'on veut...

27°. L'éditeur n'ambitionne d'autre récompense, que le plaisir toujours nouveau d'avoir voulu le bien; et s'il n'a pas le mérite du succès, il aura du moins celui de l'intention.

Ce Télémaque fait partie du *nouveau système de lecture applicable à toutes les langues.*

S. Pétersbourg Décemb. 1776.

JUGEMENS

Portés sur le nouveau système de lecture applicable à toutes les langues

Gazette d'Agriculture, arts ect. Novemb. 1771 *extrait*

Applanir les premières voies de l'instruction, c'est abréger l'enfance et ses peines. L'auteur du nouveau système de lecture nous paroît avoir rempli cette tâche avec succès. Au lieu de chercher de nouvelles inventions, il a étudié la nature; il la bien vue et elle lui a donné, par l'analyse de la parole, l'art d'apprendre à lire. Tous ceux qui liront cette petite lettre avec réfléxion, se joindront à la foule de gens éclairés qui ont tâché d'engager l'auteur à publier le traité qu'il a composé sur cette matière. Son *tableau anatomique de la paròle* et l'exposition rapide de la marche de l'instituteur, promettent assez les succès éclatants et réitérés qu'il annonce; et l'impression de son grand ouvrage sera un présent aussi agréable qu'utile au public.

Avant-coureur. 9bre 1771 extrait.

Ce Sytème vraisemblablement n'aura pas beaucoup de partisans. L'auteur s'y attend bien sans doute ; aussi ne l'a-t-il adressé qu'à ceux qui réfléchissent, et le nombre en est toujours très petit.

Journal du commerce, des arts etc. Novemb. 1771. *extrait.*

La plupart des systèmes de lecture semblent avoir été imaginés pour prolonger et tourmenter l'enfance. Quand on considere à qui ce soin est ordinairement confié, on n'en est point surpris. Il faut des hommes pour instruire les enfans, par la raison même que les enfans sont moins susceptibles d'instruction : il faut une science et un art singuliers ; pour se proportionner à la foiblesse, et lui proportionner les secours qu'on lui administre : il faut un esprit et une ame à plusieurs étages, suivant l'expression de Montaigne ; pour se faire en quelque sorte enfant, afin que l'enfant devienne homme .... L'art d'apprendre à lire demande un philosophe qui connoisse parfaitement l'anatomie de la parole, suive et développe tous les rapports des signes avec les sons ... L'auteur de cette lettre et de ce système formera l'instituteur que nous cherchons. Voici la marche qu'il lui trace :

. . . .

Nous ne pourrions entrer dans de plus grands détails sans copier la lettre entière. On s'apperçoit bien qu'elle n'est que l'analyse d'un grand ouvrage, mais cette analyse suffit pour donner l'idée la plus favorable du système de l'auteur. Sa théorie est lumineuse : et dans la pratique, sa méthode aura sans doute les succès les plus éclatants; lorsqu'elle sera suivie par un philosophe aussi éclairé que l'auteur paroît l'être.

Journal des savants Décemb. 1771. *extrait.*

Dans la 1e. de ces pièces, l'auteur ... donne une analyse ... d'une méthode ... qu'on nous assure avoir, entre ses mains, des succès surs et rapides etc.

Mercure Janvier 1772. *extrait*

Cette méthode ne doit être regardée nouvelle que relativement à ce qui se pratique aujourd'hui ... Elle a d'ailleurs l'avantage de se prêter aux vues de l'instituteur éclairé qui désire sincèrement l'avancement de son élève. L'on ne peut donc trop encourager l'auteur à publier le traité complet qu'il a composé sur cet objet intéressant.

Année littéraire No. 4. 1772 *extrait.*

Monsieur, je crois que vous serez satisfait des idées de l'auteur, qui me paroissent tendre effectivement à faciliter aux enfans le méchanisme épineux de l'art de lire et de celui d'écrire .... La lettre est l'analyse d'un ouvrage que l'auteur annonce, et qui, s'il est traité comme il le promet, ne peut que devenir une source féconde d'avantages, pour tous ceux qui s'appliquent aux nobles travaux de l'éducation, trop peu considérés et trop peu récompensés. Il y a, dans cette analyse, des vues ... neuves, justes et précises. Pour vous donner une idée et du travail de l'auteur et de son style, qui n'est pas dépourvu de chaleur et d'imagination ; je vous transcrirai le commencement de sa lettre à Madame la Duchesse etc.

Journal de Verdun, Mars 1772. *extrait.*

On nous assure que cette nouvelle méthode a obtenu les suffrages de nos plus habiles grammairiens . . . . elle nous a paru ingénieuse. . . .

Les autres ouvrages périodiques ont porté le même jugement.

Lettre de M. Durand, [a] *Ministre Plénipotentiaire de France, près l'Impératrice de Russie.*

A Moscou 10 *Juillet* 1775. *Extrait.*

J'ai reçu avec plaisir, Monsieur, votre lettre et vos feuilles. Votre système me paroît très ingénieux et sur-tout fort utile . . . .

Je ne puis, Monsieur, porter un jugement bien particulier sur vos dernières feuilles ; elles m'ont donné le regret de n'avoir pas sous les yeux l'ensemble de votre Méthode : car je pense que, pour l'apprécier, il faut en suivre la marche et les différentes divisions. Achevez donc votre ouvrage, votre gloire est attaché à sa publicité. Vous rendrez aux Lettres un service plus grand qu'on ne pense communément.

J'aurois beaucoup de satisfaction à voir les progrès de vos élèves, je suis persuadé qu'ils répondent à la nouveauté de vos principes. Comptez sur mon

(a) Ministre parvenu par son mérite.

empressement à mettre en recommandation et votre système et son auteur . . . . . .

Durand

Attestation. Copie :

J'ateste que l'auteur du *nouveau système de lecture applicable à toutes les langues*, a fait usage de son système au Corps Impérial des Cadets nobles, à S. Pétersbourg : et que, selon cette nouvelle méthode, enseignée pendant un an, il est parvenu à faire lire très distinctement un grand nombre de cadets choisis ; tous, parmi les moins avancés, et parmi ceux qui avoient le plus de difficulté à articuler les sons, à prononcer les mots etc. ; sans nullement les priver de leurs autres exercices journaliers et nombreux. A cet avantage, il s'en est joint plusieurs autres, tels, par exemple, que d'avoir détruit tout accent vicieux, d'avoir fait observer, en lisant, les regles de la ponctuation et de la prosodie, d'avoir mis à même ses élèves de déclamer avec grace. Le même auteur leur a encore enseigné, par la même méthode, l'analyse grammaticale, l'analyse logique et l'analyse oratoire, toutes trois également bien et d'une manière sure. C'est pourquoi, en considération de ce que cette méthode, applicable à toutes les langues, apprend à lire conformément à la meilleure prononciation ; fait connoître les vrais principes de la langue ; peut former le cœur et l'esprit, par le choix des extraits qui entrent dans le plan de l'ouvrage : on l'a fait imprimer en partie, aux frais du Corps, pour l'usage des élèves ; et l'on a accordé à l'auteur une gratification particulière de quatre cents Roubles. A S. Pétersbourg Le 1. Mai 1774, N. Clerc.

méd: de S. A. J., du Corps des Cadets, et directeur des études de ce Corps.

Ce nouveau système de lecture a reçu plusieurs atestations semblables.

A S. Pétersbourg, Décemb. 1776.

ERRATA

Page 7 articulations eh *lisez* ch

De l'Imp. de ROBLOT, rue de la Huchette, No. 18.

www.ingramcontent.com/pod-product-compliance
Lightning Source LLC
LaVergne TN
LVHW010039230826
846091LV00005B/1781